Tarcila Tommasi, fsp

Nossa Senhora de Fátima

Novena

Paulinas

Citações bíblicas: Tradução da CNBB, 2001.

Editora responsável: *Andréia Schweitzer*
Equipe editorial

Nenhuma parte desta obra poderá ser reproduzida ou transmitida por qualquer forma e/ou quaisquer meios (eletrônico ou mecânico, incluindo fotocópia e gravação) ou arquivada em qualquer sistema ou banco de dados sem permissão escrita da Editora. Direitos reservados.

1ª edição – 2016
5ª reimpressão – 2024

Cadastre-se e receba nossas informações
paulinas.com.br
Telemarketing e SAC: 0800-7010081

Paulinas

Rua Dona Inácia Uchoa, 62
04110-020 – São Paulo – SP (Brasil)
📞 (11) 2125-3500
✉ editora@paulinas.com.br
© Pia Sociedade Filhas de São Paulo – São Paulo, 2016

Apresentação

Fátima, hoje, é um grande centro de espiritualidade que acolhe milhares de peregrinos, em busca de uma presença intercessora que os leve ao encontro de Deus.

Esta novena, feita com amor e devoção, quer acompanhar você nesta caminhada mariana.

Percorrendo os fatos que aconteceram em Fátima, de 1917 até hoje, encontrei uma história conduzida pela mão divina e pela Mãe Maria Santíssima. Esta história é tão plena de sentido que me convenceu a priorizar os acontecimentos com as mensagens, a fim de usufruir com eles toda a riqueza de motivações para a oração e para a mudança de vida.

Que Nossa Senhora de Fátima abençoe a você que vai iniciar esta novena e lhe conceda as graças de que necessita.

A autora

Breve histórico

Iniciava-se o século XX. Portugal passava por uma época de decadência, pobreza e revoltas, de antagonismos ideológicos e religiosos. Os governantes e intelectuais ateus estavam decididos a separar a Igreja e o Estado.

Nos pequenos vilarejos do interior, afastados das grandes cidades, as famílias de camponeses trabalhavam de sol a sol. Nos campos, as crianças e as mulheres dedicavam-se a pastorear os rebanhos ou a tecer em seus humildes casebres. Assim era Fátima, onde os habitantes gostavam de festas e, ao mesmo tempo, eram muito tementes a Deus, fazendo da oração um hábito familiar.

E foi esse lugarejo que Nossa Senhora escolheu para transmitir a três crianças, humildes pastores, o seu pedido de oração, penitência e sacrifício pela conversão dos pecadores.

Antes da sua primeira aparição, porém, um anjo veio preparar os videntes para acolherem a revelação de Nossa Senhora. Finalmente, em 13 de maio de 1917, a Virgem Maria manifestou-se aos três pastorzinhos: Lúcia, de 10 anos, e seus primos Francisco, de 9 anos, e Jacinta, de 7 anos, os quais moravam com suas famílias em Aljustrel, povoado pertencente a Fátima.

As aparições se deram na Cova da Iria, a pouco mais de 2 km do centro de Fátima, numa propriedade dos pais de Lúcia. Nossa Senhora aparecia sobre uma azinheira. Lúcia falava com a Senhora; Jacinta a via e ouvia; Francisco apenas via. Sobre as mensagens de Nossa Senhora, refletiremos durante a novena.

Os três pastorzinhos

Jacinta, Francisco e Lúcia eram crianças normais, não se distinguiam por terem algum dom especial. Francisco falava pouco, amava a natureza e os animais. Jacinta era muito vivaz e um tanto caprichosa. Lúcia era inteligente, expressiva e simpática.

Com seus familiares, participavam das festas na paróquia, gostavam de cantar e dançar. Aprenderam o catecismo de suas mães, muito religiosas. Toda noite rezavam o terço em família.

Lúcia fez a Primeira Eucaristia aos 6 anos, dado que nesta idade já sabia de cor as perguntas e respostas do catecismo. Jacinta fez a Primeira Eucaristia após as aparições de Nossa Senhora e Francisco, só no leito de morte.

Lúcia era uma menina simples e bondosa, mostrava um amadurecimento superior a sua idade. Sentiu muito o falecimento de seus dois primos, que, conforme Nossa Senhora havia predito, morreram pouco tempo depois das aparições, enquanto ela permaneceu viva: "Tu ficarás aqui mais algum tempo. Jesus quer servir-se de ti para fazer-me conhecer e amar".

Assim foi que, em virtude de uma violenta epidemia de gripe espanhola, Francisco morreu, em abril de 1919, e Jacinta, em fevereiro de 1920. Em 17 de maio de 1921, Lúcia entrou para o colégio das religiosas de Santa Doroteia, na cidade do Porto. Mais tarde, ao sentir-se chamada por Deus para consagrar sua vida como religiosa, entrou para o noviciado das irmãs Doroteias, fez a primeira profissão religiosa em 1928 e os votos perpétuos em 1934.

Depois, passou um tempo em Pontevedra, na Galícia (Espanha). Mas muita gente a visitava, perturbando o retiro religioso. Então, a conselho dos superiores, Lúcia foi transferida para o Carmelo, em Coimbra.

A 13 de maio de 2000, o Papa João Paulo II teve a alegria de beatificar os dois videntes, Francisco e Jacinta. Ir. Lúcia, que havia muito tempo esperava por esta declaração oficial da Igreja, participou da solenidade.

Francisco e Jacinta Marto foram canonizados no Santuário de Fátima, em 13 de maio de 2017, durante a celebração do aniversário do Centenário das Aparições, presidida pelo Papa Francisco. Tornaram-se, assim, os mais jovens santos não mártires da história da Igreja Católica. A festa litúrgica é celebrada em 20 de fevereiro.

Após 60 anos de vida no Carmelo, na oração e meditação das mensagens de Nossa Senhora, Ir. Lúcia deixou este mundo para encontrar-se com Jesus e a Virgem Maria, a mais linda senhora que conheceu ainda nesta terra. Ir. Lúcia estava perto de completar 98 anos. Foi declarada venerável pelo Papa Francisco em 22 de junho de 2023.

PRIMEIRO DIA
O anjo da paz

*"Eis que envio à tua frente o meu mensageiro,
e ele preparará teu caminho."*
(Mc 1,2)

Todos: Em nome do Pai, do Filho e do Espírito Santo. Amém.

Dirigente: À vossa proteção recorremos, ó Mãe de Deus, para que possamos crescer na fé, na esperança e no amor a Deus e ao próximo. Queremos corresponder e ser fiéis aos vossos pedidos que, com tanta ternura, fizestes durante as aparições de Fátima. Intercedei por nós junto a Deus, porque somos vossos filhos. Amém.

Reflexão

Dirigente: As aparições de Nossa Senhora, em Fátima, foram precedidas por três encontros com o anjo da paz. Assim a Providência divina preparou as crianças para receberem a Mãe de Jesus.

Enquanto Lúcia, Jacinta e Francisco cuidavam do rebanho, numa colina próxima à Cova da Iria, um jovem resplandecente de luz chegou-se a eles e disse: "Não temais! Sou o anjo da paz. Orai comigo". E ajoelhando-se por terra, curvou a fronte até o chão e fez as crianças repetirem três vezes: "Meu Deus! Eu creio. Adoro, espero e amo-vos! Peço-vos perdão para os que não creem, não adoram, não esperam e não vos amam". "Orai assim. Os corações de Jesus e Maria estão atentos à voz das vossas súplicas."

Na segunda e terceira aparições, o anjo pediu que rezassem muito pela conversão dos pecadores, em reparação pelas ofensas feitas ao Sagrado Coração de Jesus e ao Imaculado Coração de Maria.

(Um momento de silêncio para apresentarmos a Nossa Senhora nossas necessidades pessoais, familiares e sociais.)

Oração

Dirigente: Atendendo ao convite do anjo da paz, rezemos pela paz do mundo. É conhecido o ditado: "Onde não há paz é porque falta amor".

Todos: A oração ensinada pelo anjo às crianças ainda é atual para nossos dias. A humanidade está passando por muito sofrimento, os horrores da guerra continuam a fazer vítimas, a violência fere muitas famílias, os pobres são marginalizados. Que os anjos intercedam por nós junto a Deus. Que esta novena traga muita luz para trilharmos os caminhos do bem e do amor para com todos. Que a paz reine em nossas famílias, na sociedade, no mundo inteiro.

Dirigente: Nesta intenção, rezemos:

Todos: Pai nosso...

Ave, Maria,...

Glória ao Pai...

SEGUNDO DIA

Rezai o terço

*"Quando Jesus se pôs em oração,
o céu se abriu…"*
(Lc 3,21)

Todos: Em nome do Pai, do Filho e do Espírito Santo. Amém.

Dirigente: À vossa proteção recorremos, ó Mãe de Deus, para que possamos crescer na fé, na esperança e no amor a Deus e ao próximo. Queremos corresponder e ser fiéis aos vossos pedidos que, com tanta ternura, fizestes durante as aparições de Fátima. Intercedei por nós junto a Deus, porque somos vossos filhos. Amém.

Reflexão

Dirigente: Era um belo domingo de sol, no dia 13 de maio de 1917. Lúcia, Francisco e Jacinta, com seus familiares, já tinham participado da Santa Missa. Em casa, após o almoço e a reza do terço, os pequenos saíram com o rebanho para a Cova da Iria.

Ali lhes apareceu – narra Ir. Lúcia – "uma Senhora vestida de branco, mais brilhante que o sol, espargindo luz…Um manto lhe cobria a cabeça. As mãos, trazia-as juntas em oração, apoiadas no peito, e da direita pendia um lindo rosário… Então a Senhora disse-nos: 'Não tenhais medo, não vos faço mal'". Lúcia perguntou: "De onde vens?". "Sou do céu", respondeu a Senhora. "E o que você quer?" "Vim para vos pedir que venhais aqui por seis meses seguidos, sempre no dia 13… Depois direi quem sou e o que quero…" E, Nossa Senhora acrescentou: "Rezem o terço todos os dias para alcançarem a paz ao mundo e o fim da guerra". Em seguida, elevou-se ao céu.

(Um momento de silêncio para apresentarmos a Nossa Senhora nossas necessidades pessoais, familiares e sociais.)

Oração

Dirigente: A celeste mensageira comunicou às crianças uma paz profunda e uma alegria incontida, que as fazia exclamar: "Terços rezarei quantos vós quiserdes!".

Todos: Ó Senhora do Rosário, sabemos que o terço é uma oração muito grata a vós, que prometestes atender a nossos pedidos. Fazei-nos compreender sempre mais o valor desta oração, que nos traz um resumo do Evangelho. Que a repetição das Ave-Marias favoreça sempre mais nossa confiança em vós.

Dirigente: Nesta intenção, rezemos:

Todos: Pai nosso…

Ave, Maria,…

Glória ao Pai…

TERCEIRO DIA

Reflexo de uma luz imensa

"Vós todos sois filhos da luz…"
(1Ts 5,5)

Todos: Em nome do Pai, do Filho e do Espírito Santo. Amém.

Dirigente: À vossa proteção recorremos, ó Mãe de Deus, para que possamos crescer na fé, na esperança e no amor a Deus e ao próximo. Queremos corresponder e ser fiéis aos vossos pedidos que, com tanta ternura, fizestes durante as aparições de Fátima. Intercedei por nós junto a Deus, porque somos vossos filhos. Amém.

Reflexão

Dirigente: Na segunda aparição, a 13 de junho de 1917, narra a Ir. Lúcia: "Depois de rezar o terço com a Jacinta e o Francisco e mais pessoas que estavam presentes, vimos de novo o reflexo da luz; em seguida veio Nossa Senhora sobre a azinheira. Além dos pedidos feitos na primeira aparição, recomendou que aprendêssemos a ler". E acrescentou a Senhora: "Jacinta e Francisco, levo-os em breve para o céu; mas tu ficarás aqui por mais tempo. Jesus quer servir-se de ti para me fazer conhecer e amar. Ele quer estabelecer no mundo a devoção ao meu Imaculado Coração. A quem a abraçar, prometo a salvação...".

Neste segundo encontro, os videntes sentiram-se envoltos na luz que emanava da Senhora. Dentro dessa luz, compreendiam verdades espirituais como o valor da oração, o amor de Deus pelas pessoas. Era a luz divina, mais forte que o sol, que tornava a Senhora a mais bela das criaturas.

(Um momento de silêncio para apresentarmos a Nossa Senhora nossas necessidades pessoais, familiares e sociais.)

Oração

Todos: Senhora de Fátima, reconhecemos que, pela graça de Deus, somos filhos da Luz. Em vossas aparições, revelastes o reflexo da Luz que é a presença divina que habita em vós. Transmitistes esta luz não só aos pastorzinhos, mas também a todos aqueles que, pela fé, acolhem e vivem as mensagens que comunicastes. Senhora de Fátima, intercedei por nós para que não nos deixemos enganar pelas trevas do erro e dos vícios. Que a Luz de Deus ilumine nossos caminhos. Amém.

Dirigente: Nesta intenção, rezemos:
Todos: Pai-Nosso…
Ave, Maria,…
Glória ao Pai…

QUARTO DIA
A conversão

"Convertam-se e sejam curados"
(Mt 13,15)

Todos: Em nome do Pai, do Filho e do Espírito Santo. Amém.

Dirigente: À vossa proteção recorremos, ó Mãe de Deus, para que possamos crescer na fé, na esperança e no amor a Deus e ao próximo. Queremos corresponder e ser fiéis aos vossos pedidos que, com tanta ternura, fizestes durante as aparições de Fátima. Intercedei por nós junto a Deus, porque somos vossos filhos. Amém.

Reflexão

Dirigente: Nossa Senhora, nas sucessivas aparições, repete o pedido da oração do terço e de retorno à Cova da Iria no dia 13 de cada mês. Lúcia apresenta-lhe pedidos de conversão pelos pecadores e curas de doentes. A Senhora responde: "Fazei sacrifícios pelos pecadores e recomendo a prática do terço". Em seguida, ela mostrou aos pastorzinhos os sofrimentos que padeceriam os pecadores que recusassem a conversão. Foi uma visão terrível! E explicou: "Para salvá-los, Deus quer estabelecer no mundo a devoção ao meu Imaculado Coração. Se fizerem o que eu vos disser, salvar-se-ão muitas almas e terão paz! A guerra vai acabar, mas, se não deixarem de ofender a Deus, começará outra pior. Para impedi-la, vou pedir a consagração da Rússia ao meu Imaculado Coração e a comunhão reparadora nos primeiros sábados, por cinco meses". Estas predições faziam parte do segredo que os pastorzinhos não podiam revelar.

(Um momento de silêncio para apresentarmos a Nossa Senhora nossas necessidades pessoais, familiares e sociais.)

Oração

Dirigente: Nessa ocasião Nossa Senhora pediu: "Quando rezardes o terço, depois de cada mistério dizei:

Todos: 'Ó meu Jesus, perdoai-nos, livrai-nos do fogo do inferno, levai as almas todas para o céu, principalmente aquelas que mais precisarem'".

Dirigente: Rezemos juntos:

Todos: Pai nosso...

Ave, Maria,...

Glória ao Pai...

QUINTO DIA
"Eu sou a Senhora do Rosário"

"O amor jamais acabará."
(1Cor 13,8)

Todos: Em nome do Pai, do Filho e do Espírito Santo. Amém.

Dirigente: À vossa proteção recorremos, ó Mãe de Deus, para que possamos crescer na fé, na esperança e no amor a Deus e ao próximo. Queremos corresponder e ser fiéis aos vossos pedidos que, com tanta ternura, fizestes durante as aparições de Fátima. Intercedei por nós junto a Deus, porque somos vossos filhos. Amém.

Reflexão

Dirigente: Os videntes de Fátima sofreram muito por afirmarem que Nossa Senhora lhes tinha aparecido. Foram até raptados pelo administrador de Ourém, que, à força, queria arrancar-lhes o segredo. As crianças permaneceram firmes ao pedido da Senhora para que não o contassem.

Muitas pessoas já frequentavam a Cova da Iria para rezar o terço com as crianças. Na última aparição, no dia 13 de outubro, Nossa Senhora revelou-se dizendo: "Eu sou a Senhora do Rosário. Façam aqui uma capela em minha honra e continuem a rezar o terço todos os dias". E tomando um aspecto triste, disse: "Não ofendam mais a Deus, nosso Senhor, que já está muito ofendido".

Vários fenômenos acompanharam Nossa Senhora enquanto ela se elevava e o reflexo de sua luz se projetava no sol. O ciclo das aparições havia terminado.

(Um momento de silêncio para apresentarmos a Nossa Senhora nossas necessidades pessoais, familiares e sociais.)

Oração

Todos: Senhora de Fátima, nós vos agradecemos pelas visitas que fizestes a nossa terra. De modo particular agradecemos a grande promessa que fizestes à Ir. Lúcia, já religiosa: "Olha, minha filha, para o meu coração traspassado de espinhos, que os homens, com as suas blasfêmias e ingratidões, lhe cravam a cada momento. Ao menos tu, consola-me e faze saber que eu prometo assistir na hora da morte, com as graças necessárias à salvação, a todo aquele que, no primeiro sábado de cinco meses consecutivos, confessando-se e comungando, recite o terço e me faça companhia durante um quarto de hora, meditando nos mistérios do rosário, com a intenção de desagravar o meu imaculado coração!".

Dirigente: Com Nossa Senhora, rezemos:
Todos: Pai Nosso...
Ave, Maria,...
Glória ao Pai...

SEXTO DIA

A consagração do mundo

"Sede pessoas santas para mim."
(Ex 22,30)

Todos: Em nome do Pai, do Filho e do Espírito Santo. Amém.

Dirigente: À vossa proteção recorremos, ó Mãe de Deus, para que possamos crescer na fé, na esperança e no amor a Deus e ao próximo. Queremos corresponder e ser fiéis aos vossos pedidos que, com tanta ternura, fizestes durante as aparições de Fátima. Intercedei por nós junto a Deus, porque somos vossos filhos. Amém.

Reflexão

Dirigente: Numa de suas aparições, Nossa Senhora pediu a consagração da Rússia ao seu Imaculado Coração e a comunhão reparadora em cinco sábados seguidos. E prometeu que, se este pedido fosse atendido, a Rússia se converteria e seria concedido ao mundo algum tempo de paz.

No dia 13 de junho de 1929, Nossa Senhora disse à Ir. Lúcia: "É chegado o momento em que Deus pede para o Santo Padre fazer, em união com todos os bispos do mundo, a consagração do mundo, com especial menção à Rússia e às demais nações dominadas pelo comunismo, ao meu Imaculado Coração, prometendo salvá-las por esse meio... E impedir a propagação de seus erros".

Noutra ocasião, acrescentou: "Quero que toda a minha Igreja reconheça esta consagração como um triunfo do Coração Imaculado de Maria". Em 1984, o Papa João Paulo II realizou o pedido de Nossa Senhora, consagrando o mundo ao seu Imaculado Coração.

(Um momento de silêncio para apresentarmos a Nossa Senhora nossas necessidades pessoais, familiares e sociais.)

Oração

Dirigente: Façamos também nós a consagração de nossa vida ao Coração Imaculado de Maria.

Todos: Ó minha Senhora e também minha Mãe, eu me ofereço inteiramente a vós. E como prova da minha devoção, hoje vos dou meu coração. Consagro-vos meus olhos, meus ouvidos, minha boca, e tudo o que sou desejo que a vós pertença. Incomparável Mãe, guardai-me e defendei-me como filho e propriedade vossa. Amém.

Dirigente: Para vivermos esta consagração, rezemos:

Todos: Pai Nosso...

Ave, Maria,...

Glória ao Pai...

SÉTIMO DIA

Canonização de Francisco e Jacinta

"Da boca dos pequenos preparaste um louvor."
(Mt 21,16)

Todos: Em nome do Pai, do Filho e do Espírito Santo. Amém.

Dirigente: À vossa proteção recorremos, ó Mãe de Deus, para que possamos crescer na fé, na esperança e no amor a Deus e ao próximo. Queremos corresponder e ser fiéis aos vossos pedidos que, com tanta ternura, fizestes durante as aparições de Fátima. Intercedei por nós junto a Deus, porque somos vossos filhos. Amém.

Reflexão

Dirigente: Depois de dezessete anos de o Papa João Paulo II ter beatificado

Francisco e Jacinta Marto, o Papa Francisco deu o passo que faltava para que os dois irmãos fossem considerados santos, e, a partir desse dia, o culto aos dois pastorzinhos passou a ser considerado universal.

Na homilia da celebração da canonização, realizada no Centenário das Aparições, em 13 de maio de 2017, o Papa Francisco disse: "Os pastorzinhos ficavam dentro da luz de Deus que irradiava de Nossa Senhora. Envolvia-os no manto de luz que Deus lhe dera. No crer e sentir de muitos peregrinos, se não mesmo de todos, Fátima é sobretudo este manto de luz que nos cobre, aqui como em qualquer outro lugar da terra, quando nos refugiamos sob a proteção da Virgem Mãe para lhe pedir, como ensina a Salve-Rainha, 'mostrai-nos Jesus'".

Francisco e Jacinta viveram animados pelos sentimentos de devoção a Jesus e Maria: suportaram muitos sofrimentos da doença, sem nunca se lamentar, pois grande era seu desejo de reparar as ofensas dos pecadores, oferecendo sacrifícios e oração.

(Um momento de silêncio para apresentarmos a Nossa Senhora nossas necessidades pessoais, familiares e sociais.)

Oração

Dirigente: Com Jesus, rezemos assim:

Todos: "Eu te louvo, Pai, Senhor do céu e da terra, porque escondeste essas coisas aos sábios e entendidos, e as revelaste aos pequeninos".

Dirigente: Por todas as crianças do mundo, rezemos:

Todos: Pai Nosso...

Ave, Maria,...

Glória ao Pai...

OITAVO DIA
A mensagem de Fátima

"Convertei-vos e crede no Evangelho."
(Mc 1,15)

Todos: Em nome do Pai, do Filho e do Espírito Santo. Amém.

Dirigente: À vossa proteção recorremos, ó Mãe de Deus, para que possamos crescer na fé, na esperança e no amor a Deus e ao próximo. Queremos corresponder e ser fiéis aos vossos pedidos que, com tanta ternura, fizestes durante as aparições de Fátima. Intercedei por nós junto a Deus, porque somos vossos filhos. Amém.

Reflexão

Dirigente: Muitas pessoas se interessaram em conhecer o segredo de Fátima, mas não se interessaram, na mesma medida, em atender aos pedidos que Nossa Senhora fez através dos pastorzinhos e também através do famoso segredo. Segundo o texto publicado pela *Congregação para a Doutrina da Fé*, o segredo contém mensagens muito fortes: a primeira foi a visão do inferno, isto é, os pastorzinhos viram por um instante o que sofrem os pecadores que rejeitam a conversão para o Evangelho; a segunda parte refere-se ao sinal que acontecerá se as pessoas não deixarem de ofender a Deus – guerras, fome, martírios, perseguições à Igreja e ao Santo Padre; a terceira parte é uma visão profética de sistemas ateus em luta contra a Igreja e os cristãos. O Papa seria ferido de morte, mas uma mão materna, que guiaria a trajetória da bala, o salvaria da morte.

Resumindo: as mensagens principais fazem um apelo à oração como caminho para a salvação e, no mesmo sentido, um apelo à penitência e à conversão. A mensagem de Fátima convida a confiar na promessa de Nossa Senhora: "Por fim meu Coração triunfará".

(Um momento de silêncio para apresentarmos a Nossa Senhora nossas necessidades pessoais, familiares e sociais.)

Oração

Todos: Senhora de Fátima, nós agradecemos a solicitude materna com que vós cuidais da Igreja, do Santo Padre e do povo de Deus. Pela vossa intercessão, obtende-nos a graça de realizar vossos pedidos e confiar sempre mais na vossa promessa: "O meu Imaculado Coração triunfará". A vossa mão materna esteja sobre nós para nos proteger contra as guerras, a violência e, sobretudo, contra todo tipo de pecado.

Dirigente: Nesta intenção, rezemos:

Todos: Pai Nosso...

Ave, Maria,...

Glória ao Pai...

NONO DIA

Fátima, centro de esperança

"O amor tudo crê, tudo espera..."
(1Cor 13,7)

Todos: Em nome do Pai, do Filho e do Espírito Santo. Amém.

Dirigente: À vossa proteção recorremos, ó Mãe de Deus, para que possamos crescer na fé, na esperança e no amor a Deus e ao próximo. Queremos corresponder e ser fiéis aos vossos pedidos que, com tanta ternura, fizestes durante as aparições de Fátima. Intercedei por nós junto a Deus, porque somos vossos filhos. Amém.

Reflexão

Dirigente: Desde o dia em que o Céu visitou a terra, mediante as aparições de Nossa Senhora aos três pastorzinhos, em Fátima, esse lugarejo foi abençoado por

Deus. O povo simples logo entendeu e começou a frequentar o local, no desejo de rezar, conhecer a Mãe de Deus e receber seus benefícios.

Hoje, ainda mais, são multidões de peregrinos que buscam em Fátima todo tipo de resposta às suas necessidades: doentes, pecadores, pobres em espírito, carentes de horizonte na vida, necessitados de fé, empobrecidos de esperança, carentes de amor, e outros mais. Não há quem não tenha alguma necessidade. Contudo, muitos vão ali para agradecer as graças recebidas e louvar a Deus pela presença de Maria Santíssima em suas vidas.

Uns e outros voltam para suas casas e comunidades edificados com o testemunho de fé e amor que viram e experienciaram em Fátima.

(Um momento de silêncio para apresentarmos a Nossa Senhora nossas necessidades pessoais, familiares e sociais.)

Oração

Todos: Lembrai-vos, ó pientíssima Virgem Maria, que nunca se ouviu dizer que algum daqueles que têm recorrido a vossa proteção, implorado a vossa assistência e reclamado o vosso socorro fosse por vós desamparado. Animado, pois, de igual confiança a vós, virgem entre todas singular, como a mãe recorro e, gemendo sob o peso dos meus pecados, me prostro aos vossos pés. Não desprezeis as minhas súplicas, ó Mãe do Filho de Deus humanado, mas dignai-vos de as ouvir propícia e de me alcançar o que vos rogo. Amém.

Dirigente: Por todo o povo de Deus, rezemos:

Todos: Pai Nosso...

Ave, Maria,...

Glória ao Pai...

Oração a Nossa Senhora de Fátima

Santíssima Virgem Maria, que nas regiões de Fátima vos dignastes revelar aos três pastorzinhos os tesouros de graças que podemos alcançar rezando o santo rosário, ajudai-nos a apreciar sempre mais essa oração, a fim de que, meditando os mistérios da nossa redenção, alcancemos as graças que com insistência vos pedimos.

Senhora de Fátima, olhai para as famílias do nosso imenso Brasil e para as suas necessidades. Vede os perigos que as cercam em todos os momentos e sede a mãe sempre presente. Sede a nossa intercessora junto ao Pai, ao Filho e ao Espírito Santo e alcançai-nos a graça que hoje vos pedimos *(fazer o pedido)*.

Nossa Senhora de Fátima, rogai por nós!

Jaculatória: "Meu Deus! Eu creio. Adoro, espero e amo-vos! Peço-vos perdão para os que não creem, não adoram, não esperam e não vos amam". (Ensinada pelo anjo da paz aos pastorzinhos.)

Referências

ALLEGRI, Renzo. *Fátima*: memórias para o nosso tempo. São Paulo, Paulinas, 2023.

ALLEGRI, Renzo; ALLEGRI, Roberto. *Os milagres de Fátima. A história narrada pelo sobrinho de Irma Lúcia*. 3. ed. São Paulo: Paulinas, 2013.

CONGREGAÇÃO PARA A DOUTRINA DA FÉ. *A mensagem de Fátima*. São Paulo: Paulus, 2000.

FELICI, Icílio. *Fátima*. 8. ed. São Paulo: Paulinas, s/d.

MARCONDES, J. C. *A Senhora que veio do Céu*. Petrópolis: Vozes, 1999.

MENDONÇA, Marina. *Nossa Senhora de Fátima*: esperança para a humanidade. São Paulo: Paulinas, 2012.

Paulinas

Rua Dona Inácia Uchoa, 62
04110-020 – São Paulo – SP (Brasil)
Tel.: (11) 2125-3500
paulinas.com.br – editora@paulinas.com.br
Telemarketing e SAC: 0800-7010081